ÉTUDE

OEUVRES DE NAPOLÉON III

PAR

EUGÈNE LOUDUN.

PARIS,

AMYOT, ÉDITEUR, RUE DE LA PAIX, 8.

—

1857

Cette étude a été publiée dans le *Constitutionnel* des 28 et 29 novembre 1856, et reproduite dans le *Journal général de l'Instruction publique* des 13 et 17 décembre suivant.

Paris, imprimerie de Paul Dupont,
rue de Grenelle-St-Honoré, 45.

ÉTUDE

SUR LES

OEUVRES DE NAPOLÉON III.

L'histoire compte très-peu de souverains qui aient laissé des œuvres écrites ; mais il est remarquable que les princes qui ont écrit sont les princes les plus illustres : César dans l'antiquité, Louis XIV, Frédéric II, Napoléon Ier, et à ces noms est attaché le titre de Grand.

Ces grands hommes, on le voit à la gravité de leur style, ont eu un but bien différent de celui que poursuivent ordinairement les auteurs. Ils prétendent, non-seulement, « enseigner aux princes des vérités qu'ils n'auraient jamais apprises autrement » (1), et « être utiles aux peuples en instruisant leurs successeurs par leur exemple et leurs conseils (2) » ; mais, poussés par une noble ambition, par une passion généreuse et du même ordre que celle qui fait faire les grandes choses, ils veulent expliquer eux-mêmes comment ces grandes choses se sont faites, dévoiler les raisons qui ont dirigé leur conduite et leurs actions, montrer quelle part ils ont eue dans les événements qui se sont accomplis de leur temps. Ils veulent, car cela importe à l'histoire, à la postérité, à eux-mêmes, qu'il reste un témoignage authentique et fidèle de leur caractère et de leur génie : « les discours sont tels que les pensées, les actions telles que les discours, et la vie telle que les actions (3). » La vérité perce dans les paroles, l'auteur se décèle en

(1) Frédéric II, *Considérations sur l'état présent du corps politique.*
(2) Louis XIV, *Instructions pour le Dauphin.*
(3) Clément d'Alexandrie.

écrivant; on ne voit pas seulement son image, on l'entend, et l'on arrive ainsi à connaître entièrement le souverain de qui dépend le sort de toute une nation.

Les *OEuvres de Napoléon III* ont des rapports frappants avec celles de Frédéric II et de Louis XIV : avec les œuvres de Frédéric, en ce que, de même que le futur monarque prussien, le prince Louis-Napoléon consacre les premières années de sa jeunesse à des méditations approfondies sur la puissance souveraine, sur ses obligations et ses devoirs; avec les œuvres de Louis XIV, en ce que, parvenu au trône, il nous révèle, comme le grand roi, les principes de sa politique, l'idée dominante et inspiratrice de son Gouvernement.

Les quatre volumes des OEuvres de l'Empereur comprennent tout ce qui est sorti de sa plume dans la première période de sa jeunesse (*Considérations sur la Suisse*, *Rêveries politiques*), pendant son exil (*L'Idée Napoléonienne*, *Des Idées Napoléoniennes*), et sa captivité à Ham (*Fragments historiques, 1688 et 1830*, *Extinction du Paupérisme*, *Analyse de la question des Sucres*, *Organisation et Recrutement de l'Armée*, *du Passé et de l'Avenir de l'Artillerie*, *le Canal de Nicaragua*, etc.); enfin les discours et proclamations qu'il a prononcés, les lettres et messages qu'il a adressés aux Assemblées et au Corps législatif depuis son retour en France.

On comprend l'intérêt qui s'attache à une telle publication, et en même temps, la difficulté qu'il y a à tenter d'en faire l'examen. La plupart des questions politiques, économiques et sociales y sont traitées; il en est même pour lesquelles des connaissances spéciales seraient nécessaires au critique, l'*Histoire de l'Artillerie*, par exemple. Mon but n'est pas d'examiner toutes ces questions, ce serait la matière d'un livre : ce que je veux chercher et essayer de montrer, c'est le point de départ des idées de l'Empereur, la marche de sa pensée, le développement de ses principes. Pour juger les œuvres des souverains, il est nécessaire de se placer à un point de vue inusité; ils sont en dehors des règles communes, il faut se mettre en dehors des formules convenues : la seule manière, à la fois respectueuse et digne, de parler d'eux, c'est de les considérer comme s'ils étaient déjà entrés dans la postérité à laquelle ils s'adressent et ils

appartiennent. Nulle étude n'est plus philosophique, si l'on parvient
à se dégager des préoccupations personnelles et à se défendre de la
fascination qu'exerce si aisément la puissance suprême ; et nul sujet
plus que celui qui nous occupe ne présente d'attrait aux esprits sérieux, puisqu'il s'agit d'apprécier un homme dont la valeur ne tient
pas seulement au rang qu'il occupe, mais qui est surtout remarquable par des qualités si différentes de la plupart des hommes de
notre temps et qui a triomphé par ces qualités mêmes.

Il suffit, en effet, de lire quelques pages pour faire cette obser-
vation. A une époque où l'on a signalé, avec trop de justice peut-
être, l'amollissement des caractères, on se trouve en face d'un caractère ; le premier trait de ce caractère, c'est une conviction, bien
plus, une foi. Dieu a imposé une mission à Napoléon et à sa race :
« Reconstituer la société française » (*L'Idée Napoléonienne*). Cette
mission, le peuple l'a reconnue dans le premier Empereur par son
suffrage ; interrompue pendant un temps, elle s'accomplira par un
nouvel appel à la volonté nationale. Voilà la vérité en laquelle le
prince Louis-Napoléon a foi, et, comme toute vérité, elle ne peut
périr.

Représentant de l'idée impériale, en qualité d'aîné des neveux de
l'Empereur, dès qu'il croit le moment venu, il ne s'en tient pas aux
paroles, il agit : « J'étais fort de ma conviction, qui me faisait envi-
sager la cause napoléonienne comme la cause nationale » , écrit-il à
sa mère, après son audacieuse entreprise de Strasbourg, dans une
de ces lettres intimes où l'âme se dévoile entièrement. La monarchie
de juillet ne vit là qu'un coup de tête. Si elle eût fait interroger ce
jeune prince par un véritable homme d'Etat, elle n'eût pas consenti
à le rendre libre, elle eût compris qu'il reviendrait.

Le peuple dit de certains hommes : Il croit à son étoile. Le peuple
dit vrai, ces hommes-là se regardent comme prédestinés, et Napoléon III ne s'en cache pas. Ses actes l'attestent autant que ses paroles : « Une voix secrète m'entraînait, » écrit-il dans la même lettre :
« Nul ne peut échapper à sa destinée, » dit-il ici (*Rêveries politiques*), et plus tard : « Ce qui est dans la nécessité des temps doit
s'accomplir » (25 novembre 1851). Un assassin attente-t-il à sa vie :
« Il est des existences qui sont les instruments des décrets de la Pro-

vidence; tant que je n'aurai pas accompli ma mission, je ne cours aucun danger. » (29 avril 1855.) A peine est-il renfermé dans sa prison de Ham, il se met avec ardeur à l'étude, et quelle époque de l'histoire choisit-il? celle où il trouve une idée corrélative à la sienne : il écrit l'histoire de la révolution de 1688, l'expulsion de Jacques II, l'avénement de Guillaume d'Orange. Guillaume, c'est lui, avec la différence des circonstances et des temps; les motifs par lesquels il explique la conduite de Guillaume sont ceux qu'il développera le 2 décembre; les arguments qu'il lui prête, pour lui se changeront en faits. « Par quels moyens, se demande l'historien, Guillaume triompha-t-il de tous ces partis, de ces ennemis intérieurs, de ces obstacles? Par un seul, en restant fidèle à la cause de la révolution qui l'a appelé » (*Révolutions de* 1688 *et* 1830) ; comme un jour l'Empereur dira : « Une dynastie n'a de chances de stabilité que si elle reste fidèle à son origine, en s'occupant exclusivement des intérêts populaires pour lesquels elle a été créée. » (18 mars 1856.) Lui signale-t-on une province, l'Alsace, gangrenée de socialisme, il y court, et, aux populations qui l'environnent, il avoue qu'on a voulu le détourner de venir (*à Strasbourg*, 22 août 1850), sûr que la foi en soi-même attire les masses comme un aimant. Enfin, se trouvant en face de la statue de Jeanne Hachette, à Beauvais : « Il est encourageant de penser, s'écrie-t-il, que, dans les dangers extrêmes, la Providence réserve souvent à un seul d'être l'instrument du salut de tous! » (6 juillet 1851). Et ce n'est pas seulement un à-propos; cet instrument, il sait que c'est lui.

La foi est une vertu mère : elle est féconde, elle engendre d'autres vertus; celui qui a foi en soi est maître de lui; il est patient, il est généreux, car il sent la faiblesse des autres : « Il lui manque les deux premières qualités pour le chef d'un grand peuple, disait le pénétrant écrivain d'un homme d'Etat qui remplissait alors un rôle important chez une nation voisine : savoir devancer l'opinion publique et pardonner. » (*Fragments politiques*). Ces deux qualités, Napoléon III les possède, non comme un bien acquis ou par système, mais par son propre génie : « Recevoir les injures sans haine et sans rancune, » écrit-il dès 1840 (*L'Idée Napoléonienne*), c'est une chose très-royale, en effet, d'entendre dire du mal de soi, selon le mot d'Alexandre-le-Grand; « guérir les maux, jamais les venger » (*Des Idées Napoléoniennes*), c'est ainsi que la royauté a quelque chose de divin; tout son caractère est là; et, Président de la république, lorsque, dans une circonstance solennelle (*à Dijon,* 1er juin 1851), il dit : « Les attaques les plus injurieuses et les plus violentes n'ont pu me faire sortir de mon calme, » il ne fait que résumer toute sa conduite pendant trois années; il est calme, car, les yeux fixés à l'horizon, il sait que son astre se lèvera, et il l'attend.

Avec ce caractère, simple particulier, Napoléon III eût été un de ces hommes d'une physionomie grave et sévère, qui se tiennent dans une dignité impassible, que ni les événements, ni les puissants ne font plier, et qui passent, le front haut, à travers le monde qu'ils servent en le jugeant.

Mais il était appelé à régner, et la Providence l'entoura des circonstances les plus favorables pour apprendre ce *métier de roi* (1) qu'il devait pratiquer.

Ce qui fait notre faiblesse, c'est le manque de direction; nous vivons presque tous au hasard : les hommes qui dominent les autres ont tous été formés par un autre homme. Dieu donna d'abord au jeune prince une mère d'un esprit charmant, qui lui communiqua sa grâce et sa bonté, puis un maître plus sévère, l'Empereur Napoléon Ier. La plupart de ceux qui, de notre temps, ont aspiré à conduire les peuples, ont inventé un système, imaginé une théorie. Louis-Napoléon échappa à cette vanité, il méprisa cette gloire tant poursuivie d'inventeur. Dès que cette droite et saine intelligence se connut, il se fit l'élève de l'Empereur; le système impérial fut son modèle; il l'étudia, « non pour en faire une copie mesquine » (10 décembre 1849), mais « pour le compléter » (*L'Idée Napoléonienne*). La pensée de l'Empereur, il se l'assimila; il en fit, pour ainsi dire, sa propre substance; et il arriva un jour où il put dire véritablement : « L'esprit de l'Empereur est avec moi. » (*Discours au Sénat,* 7 novembre 1852.)

C'est ainsi que procèdent tous ceux qui tendent à produire des

(1) Expression de Louis XIV.

œuvres excellentes. Ainsi nos grands écrivains du dix-septième siècle s'appliquaient à imiter des anciens, non la forme et le style, mais le mouvement de la pensée, la composition, les qualités générales. Dans la politique, dans la littérature et les arts, comme sur l'Océan, pour parvenir au même point, il faut, non pas suivre les mêmes routes, mais être poussé par le même vent, le même esprit.

Maintenant, l'adversité va compléter le futur souverain; la prison, qu'il a spirituellement appelée *l'Université* de Ham, en l'obligeant à la méditation, lui permet de faire une revue de ses idées, de les rassembler, de les contrôler, de leur donner leur place et leur rang.

C'est ici le lieu de parler du style de l'Empereur : dans ses premiers écrits, quelque sérieux qu'ils fussent, l'imagination du jeune homme se faisait jour çà et là par des comparaisons poétiques. Certaines pages, telles que la traduction de *l'Idéal*, de Schiller, témoignent et d'une aspiration un peu vague, et de la connaissance que le studieux écrivain avait dès longtemps acquise des ressources les plus secrètes de la langue. Mais, à partir de cette époque de sa prison, la pensée le tient absolument appliqué au développement de ses idées, il n'est préoccupé que d'en montrer la justesse et d'en pénétrer les esprits. On oublie l'écrivain, celui qui dit, pour ce qu'il dit. Son style n'est pas le style d'un homme de lettres, une draperie dont on s'enveloppe à de certaines heures, une *forme*, comme l'ont appelée, de nos jours, ceux en qui elle dissimule l'absence de pensée; c'est celui d'une intelligence qui se possède et sait ce qu'elle veut, solide et plein, le style des hommes qui se sentent nés pour commander, grave et ample, un style qu'on retrouve en Louis XIV, et qu'on pourrait appeler royal.

Il y a en Napoléon III un remarquable mélange du sens pratique des Français et du génie synthétique des Allemands : s'applique-t-il à un sujet spécial, tel que l'artillerie, la question des sucres, le paupérisme, il ne le traite pas seulement en homme spécial, les chiffres et les documents à la main, consultant les hommes du métier, compulsant les manuscrits; il relie les faits particuliers à un ensemble. Dans la constitution des cantons de la Suisse, il trouve des applications à faire au système impérial, à l'organisation de l'armée, au suffrage universel (*Considérations sur la Suisse*). Dans la question des sucres, il voit « le moyen de résoudre, en grande partie, un des problèmes les plus importants du temps présent, le bien-être des classes ouvrières, en disséminant les centres de travail, en favorisant l'agriculture, premier élément de la prospérité publique, en attachant les populations au sol. » (*Analyse de la question des sucres.*) Dans son livre *Du passé et de l'avenir de l'Artillerie*, il ne se borne pas à un historique des siéges et des batailles ; il envisage l'influence des armes sur l'état social, aussi bien que sur la stratégie ; il entre dans le détail comme un simple officier, et jette des vues d'ensemble comme un général. S'il était un savant de profession, ce seul ouvrage lui ferait sa place.

Et lorsque, Président ou Empereur, il s'adresse aux assemblées et aux [masses, son éloquence, partout appropriée au sujet, constamment claire dans son élégante précision, a ce cachet de haute raison qui distingue nos grands écrivains français : le discours, ferme et calme comme son regard, marche d'un pas assuré; rien ne le précipite ni ne le détourne, il va droit à son but. On se sent peu à peu animé et soulevé; ce n'est pas une flamme brillante qui étonne dans le moment et dont l'éclat s'évanouit; c'est un feu continu qui pénètre et qui échauffe; ces pensées si justes et si fortement exprimées emportent d'abord l'assentiment, on applaudit; et, quand on les relit, on les trouve encore plus fortes et plus profondes.

Une comparaison se présente-t-elle à son esprit, en peu de mots il la condense: « Depuis longtemps la société ressemblait à une pyramide qu'on aurait retournée et voulu faire reposer sur son sommet; je l'ai replacée sur sa base. » (*Ouverture de la session*, 29 mars 1852). Et un autre jour, après avoir dit : « L'Empire, c'est la paix, » — « j'en conviens, cependant, j'ai, comme l'Empereur, bien des conquêtes à faire; » et passant une rapide revue de ses projets : les partis à concilier, la religion, la morale à protéger, l'aisance à donner au peuple, des territoires incultes à défricher, des routes à ouvrir, des ports à creuser, etc., etc., partout enfin des ruines à relever, des faux dieux à abattre, des vérités à faire triompher........ « telles sont les conquêtes que je médite, s'écrie-t-il alors, et vous tous, qui m'entourez, qui voulez, comme moi, le bien de la patrie, vous êtes mes soldats ! » (*A Bordeaux*, 9 octobre 1852.)

Ou bien il résume sa pensée en traits courts, énergiques, dont on se souvient et que l'on répète, et auxquels on peut appliquer le mot de Tacite, *imperatoria brevitas*. « Il y aurait, de ma part, trop d'orgueil à vous dire comme l'Empereur : Lyonnais, je vous aime! mais permettez-moi de vous dire du fond de mon cœur : Lyonnais, aimez-moi! » (16 août 1850); ou encore ces autres paroles fameuses qui rappellent le mot héroïque du jeune Larochejaquelein, et qu'il prononça peu de jours avant d'aller affronter les balles de l'émeute : « Je ne vous dirai pas comme les gouvernements qui m'ont précédé : Marchez, je vous suis! mais je vous dirai : Je marche, suivez-moi ! » (*Aux officiers de l'armée*, 9 novembre 1851.)

« L'excellent style est celui qui est toujours assorti à la matière qu'on traite (1). » L'Empereur a ce style-là; les juges les plus délicats et les plus compétents dans l'appréciation des œuvres de l'esprit ont été frappés de cette supériorité : « Si mon suffrage littéraire peut être agréable à l'Empereur, disait M. Béranger à un homme éminent qui fut ministre en des jours difficiles (2), dites-lui que je le regarde comme le premier écrivain du siècle. »

C'est un spectacle plein d'intérêt et véritablement philosophique d'assister au travail de l'esprit méditatif du prince dans le silence de sa prison : il pose ses idées avec une exactitude, une rigueur presque mathématique. Il commence par les principes généraux : « Il n'y a pas de forme de gouvernement constamment vraie.» (*Des Idées Napoléoniennes*); de là, cette conséquence : « Le meilleur gouvernement est celui qui se formule sur le besoin de l'époque. » (*Id.*) S'il en est ainsi, « une Constitution doit être, selon le mot de Napoléon Ier, non l'œuvre d'un homme, mais du temps » (*id.*) et, comme il le répétera plus tard, « l'œuvre de l'expérience et de la raison » (29 mars 1852); de là encore, « le Gouvernement doit se faire l'instrument des vues de la majorité » (1688-1830). Enfin, « une Constitution doit être faite uniquement pour la nation à laquelle on veut l'adapter; elle doit être, ajoute-t-il ingénieusement,

(1) Voltaire.
(2) M. Lefebvre-Duruflé.

comme un vêtement qui, pour être bien fait, ne doit aller qu'à un seul homme » (*Des Idées Napoléoniennes*).

Ces vérités, l'expérience des temps les a apprises au prince-philosophe ; il les a vues dans l'histoire : après avoir regardé dans le miroir du passé, il se tourne vers le présent (qui est aussi un miroir, mais où il est plus difficile de lire clairement), afin d'y découvrir « ces idées du siècle à la tête desquelles il faut marcher, pour qu'elles vous suivent et vous soutiennent » (*Fragments politiques. — Progrès du Pas-de-Calais*) ; et dans ce miroir il reconnaît, d'un regard net et sûr, le caractère de ce siècle et ses tendances : « La démocratie est dans nos mœurs ; nous avons le sentiment, le besoin, la passion de l'égalité » (*Des Idées Napoléoniennes*). Le gouvernement doit donc être démocratique ; mais « la hiérarchie est compatible avec l'égalité et le mérite », le gouvernement aura la démocratie pour base, « l'organisation hiérarchique..... les principes seront nouveaux, les formes anciennes » (*L'idée Napoléonienne*).

Les tendances de notre époque sont « le perfectionnement de l'industrie, les conquêtes du commerce ; » le développement des intérêts matériels ne s'effectue qu'à deux conditions, la paix et la liberté ; il donnera l'une et posera les bases de l'autre.

« L'idée napoléonienne est une idée de paix, non de guerre » (*L'Idée Napoléonienne*).

Il est un fait de notre histoire qui semble avoir particulièrement frappé l'Empereur, le plan de Henri IV pour fonder une république européenne, une confédération chrétienne : il y revient à plusieurs reprises ; il remarque que « la rivalité de l'Angleterre mit Napoléon Ier en mesure de réaliser un moment ce projet, » si propre à séduire un esprit puissant et généreux (*Des Idées Napoléoniennes*).

« Il faut que la France soit l'arbitre de l'Europe, » avait dit Napoléon Ier. C'était là une grande idée, mais une idée nationale, et aussi de dominateur et de conquérant. Chez son neveu, elle se généralise, c'est une idée humaine et chrétienne ; il ne se lasse pas de l'exprimer : « La guerre a fait son temps, » écrit-il, dès 1843, aux représentants de l'Amérique centrale, qui lui demandaient de se mettre à la tête de la grande entreprise du canal de Nicaragua, par lequel devaient communiquer deux océans et deux mondes. « Le temps des conquêtes est passé sans retour, » dit-il au commencement de la guerre d'Orient (*Ouverture de la session*, 2 mars 1854). Et encore : « A notre époque est réservée une autre gloire aussi grande que celle des armes » (*Aux Exposants de* 1849). Il veut la paix, non parce qu'il sait ne pouvoir surpasser son oncle dans la guerre ; il tend à faire autant, mais autrement. Il la veut, non uniquement pour la France, mais pour l'Europe, pour le monde : « J'élèverai mon fils dans ce sentiment que les peuples ne doivent pas être égoïstes, et que le repos de l'Europe dépend de la prospérité de chaque nation » (*Au Corps diplomatique*, 18 mars 1856). Et c'est ainsi que s'expliquent et ce retour au projet de Henri IV, et ce concours des nations qu'il convoque à l'Exposition universelle ; et ce plan d'uniformité des poids, des mesures, des monnaies, inspiré par lui, et déjà discuté à Paris par les représentants de presque tous les peuples ; et cette paix récente, dont il est le promoteur et le régulateur : ce sont là les bases de l'édifice qu'il rêve d'élever, les premiers éléments d'une association universelle « formée des membres réconciliés d'une même famille, » et c'est dans ce sens profond qu'il faut entendre cette parole si peu comprise au moment où elle fut prononcée : « L'empire, c'est la paix ! » (9 octobre 1852.)

La paix dans le présent, la liberté dans l'avenir. Mais quoi ! La liberté ! dit-on ; le premier Empereur et Napoléon III affirment que leur but est d'organiser un gouvernement libéral. Il semble au vulgaire que ce soit là une politique ou une erreur de l'intelligence : ni l'une ni l'autre. Les hommes qui possèdent un pouvoir illimité, quand ils parlent de liberté, obéissent à des penchants naturels. Il ne plaît pas aux esprits puissants que d'autres, fût-ce même leurs enfants, fassent la même chose qu'eux : Louis XIV conseillait à son fils de ne pas entreprendre des guerres avec le même entraînement que lui. Il ne leur est pas caché, d'ailleurs, que le gouvernement absolu ne saurait avoir une durée séculaire ; enfin, l'opinion, toute puissante dans les temps modernes, agissant sur eux, les modifie et les engage à modifier les conditions de l'autorité. C'est ce que l'on vit, en 1815, lorsque l'Empereur convoqua des Chambres constitutionnelles : sans doute, il ne se fût pas volontiers dépouillé, et il eût ajourné peut-être jusqu'à sa mort le sacrifice de Sylla ; mais, quand un souverain a, comme Napoléon III, l'intelligence des idées de son siècle, plus il a de force en main, plus il est porté à prouver qu'il poursuit un but supérieur et désintéressé.

Les restrictions témoignent de la sincérité de ceux qui s'engagent ; on est assuré que leurs promesses seront réalisées : « Je ne bercerai pas le peuple d'illusions et d'utopies, » déclare le Président de la République, dès son premier message de 1849. Nous sommes impatients en notre temps et notre pays ; nous tendons en tout à improviser : à peine le trône est-il renversé, sur le sol tout couvert de ruines nous plantons des arbres de liberté, et nous nous imaginons pouvoir nous reposer à leur ombre ; ces arbres, violemment transplantés, périssent vite, et, avec eux, la liberté dont ils sont l'emblème. Un chef d'Etat a d'autres vues : la liberté, il veut qu'elle soit, non un mot, mais un fait ; c'est un régime qu'il prétend fonder : « Ce temps est un temps de transition » (*L'Idée Napoléonienne*), l'Empereur l'emploiera aux préparatifs de son œuvre : l'histoire lui a enseigné que « les révolutions conduites et exécutées par un chef tournent entièrement au profit des masses, tandis qu'au contraire les révolutions faites par les masses ne profitent souvent qu'aux chefs » (*Révolutions de* 1688-1830) ; il n'abandonnera donc pas l'œuvre à tout le monde. « Nulle nation, a dit J. de Maistre, ne peut se donner un gouvernement : quelques hommes, aidés de quelques circonstances, peuvent écarter les obstacles, et font reconnaître les droits du peuple. » Dieu a élu Louis-Napoléon un de ceux-là ; il a écarté les obstacles, il « conciliera les droits du peuple et les principes d'autorité. » (*L'Idée Napoléonienne.*) Enfin, « après une révolution qui a bouleversé toutes les idées du passé, c'est le devoir d'un gouvernement, non-seulement de diriger la génération présente, mais d'élever la génération qui surgit dans les principes qui ont fait triompher cette révolution. » (*Des Idées Napoléoniennes.*) La révolution qu'il aura faite, il la conduira. Tous ceux qui veulent faire une révolution intellectuelle ou morale n'agissent pas autrement ; ils le savaient bien ceux qui ont réclamé la liberté d'enseignement.

Ainsi sera « préparé le règne paisible d'une sage liberté » (*au conseil d'Etat*, le 18 mars 1856) ; et, quand les réformes sociales, bienfaits sensibles qui adoucissent le sort du peuple, auront éclairé les intelligences, élevé les âmes ; quand les idées seront redressées, les principes rétablis, l'état politique consolidé, alors les institutions libérales se développeront naturellement et sans effort ; l'opinion les indiquera, le souverain les formulera ; elles trouveront facilement place dans une Constitution « où l'on aura laissé une large voie aux améliorations » (*Préambule de la Constitution*) ; la liberté naîtra des mœurs publiques ; « elle n'aura pas fondé le monument, elle ne l'a jamais fait, elle en sera le couronnement. » (*Ouverture de la session*, 14 février 1853.)

Après ces principes généraux, les applications qui en sont la conséquence ; et, à les voir se dérouler et se déduire si logiquement l'une de l'autre, on est près de s'écrier qu'il n'y a pas de mérite à les avoir trouvées. Les unes sont inspirées au prince par des projets ou de vagues pressentiments de son oncle ; il les recueille et les complète en les modifiant selon les mœurs de l'époque : la loi électorale du premier Empire statuait que tous les Français étaient électeurs et éligibles, mais que l'élection serait à deux degrés. Cette seconde disposition « établie après un temps de troubles et en face de périls incessants » (*Des Idées napoléoniennes*), le second Empire la supprimera ; il ne conservera que la première, conforme à nos idées démocratiques. Le système de Napoléon Ier était « de faire faire par l'Etat un grand nombre de constructions, et, une fois terminées, de les revendre et d'en affecter le produit à l'exécution d'autres travaux. » (*Des Idées napoléoniennes.*) Ce système était approprié à la situation financière du temps ; le neveu de l'Empereur l'appliquera en partie, mais il fera plus : il convoquera à de grandes œuvres nationales l'industrie et l'association, les capitaux et l'intelligence ; sur toute la surface du territoire, il ouvrira un vaste atelier destiné à « occuper tous les bras oisifs, à créer le plus d'activité possible, premier soin d'un gouvernement. » (*Question des sucres.*) Napoléon Ier voulait que « l'inhumation du pauvre fût faite gratuitement et décemment. » (*Des Idées napoléoniennes.*) Napoléon III instituera les *Aumôniers des dernières prières*, qui viennent, sur le cercueil du pauvre, prononcer les paroles d'un suprême espoir : ce qui n'était qu'un souhait deviendra un fait.

D'autres idées sont le résultat de ses études et de ses méditations : ainsi la réorganisation du conseil d'Etat, « où les lois seraient préparées, examinées et discutées par des hommes spéciaux
et impartiaux ; » (*Analyse de la question des sucres*) l'extension
donnée à notre colonie de la Guyane, qu'il regardait, dès 1841,
comme « la seule possession d'outre-mer qui, avec l'Algérie, puisse
devenir d'un grand profit pour la France. » (*Mélanges politiques.—
Progrès du Pas-de-Calais*) ; l'organisation de l'armée, en prenant
pour but « de détruire toute barrière entre le citoyen et le soldat, »
et pour base « la justice, l'égalité et l'économie. » (*De l'Organisation de l'armée.*) Ce plan ne venait pas de jaillir tout d'un coup de
son cerveau, quand l'Empereur en fit une loi : le prisonnier de Ham
l'avait longuement élaboré en comparant l'organisation de l'armée
impériale avec les institutions de la Prusse, les systèmes militaires
des divers Etats : comme dans tous les terrains solides, il y avait là
trois couches. A travers ces examens de questions économiques et
sociales, on découvre même sa prédilection pour certains hommes
d'Etat, dont il cite le plus fréquemment les rapports ; on retrouve
les noms de plusieurs des ministres qu'il devait employer, parce
qu'ils étaient des spécialités, des hommes d'affaires, M. Ducos,
M. Fould, etc. Il examinait en même temps les questions et les hommes. La plupart des institutions que l'on a vues se fonder ou qui sont
en projet, existaient déjà dans la pensée de celui qui devait être
Napoléon III, non-seulement en germe, mais approfondies et for-
mulées : il n'avait plus qu'à les appliquer.

Mais il ne devait pas les appliquer immédiatement, et la cause de
ce retard, c'est lui qui va la donner en expliquant sa conduite pendant trois années.

Quand le prince Louis-Napoléon vint en France, après février
1848, il avait l'intuition, l'instinct, si on osait le dire, qu'un rôle lui
était réservé dans l'avenir, mais il ne savait pas positivement quel
rôle. Ainsi que presque toute la France, il eut un moment d'illusion :
il crut, et cette illusion lui fait honneur, que la République était
praticable, et il offrait de servir la République, voyant déjà une belle
mission à remplir. « Mon nom, écrit-il, en arrivant à Paris, est un
symbole d'ordre, de nationalité et de gloire. » (14 juin 1848.) « La

France, dit-il quelques mois plus tard à l'Assemblée, regarde le nom que je porte comme pouvant servir à la consolidation de la société ébranlée. » (26 octobre 1848.) Le reste, il le laissait aux événements et à la Providence. Il ne faut pas croire, en effet, qu'un homme, quelque fort qu'il soit, ait un plan arrêté, pour arriver à un but : la vie est comme une montagne ; à mesure que le voyageur avance, il découvre de nouvelles perspectives, il sait qu'il monte, mais il ignore quel sommet il atteindra.

Pour ses actions comme pour ses idées, le prince Louis-Napoléon n'avait pas de parti pris : la preuve, on la trouve dans le recueil de ses discours, de ses proclamations, de ses messages ; on peut y suivre, jour par jour, la série des faits ; à défaut d'autres documents, avec des fragments de ses discours, on écrirait l'histoire de nos dissensions ; il n'y a qu'à les relier par quelques mots pour la rétablir tout entière.

Elu Président, il se trouve, dès le début, en présence d'une Assemblée qui s'était promptement habituée au pouvoir, et qui, obligée d'en abandonner la jouissance, léguait à ses successeurs, comme un testateur aigri à ses héritiers sa succession grosse de procès, une Constitution dont l'application était aussi périlleuse que la réforme impraticable, « une Constitution qui, personne ne l'ignore, put dire un jour le Président, a été faite en grande partie contre moi » (*A Strasbourg*, 22 août 1850). Tant que les dangers sont menaçants, la majorité effrayée l'aide et le soutient ; mais « à mesure que les craintes disparaissent, les esprits se livrent avec entraînement aux préoccupations de l'avenir » (*Message* du 12 novembre 1850), et un an ne s'est pas écoulé que le chef de l'Etat est amené à constater « la division, l'unité de vues et d'intention entravée, l'absence de communauté d'idées entre le Président et ses ministres et l'Assemblée. » (*Message* du 31 octobre 1849.) Les partis reprennent chacun leurs projets et ne voient plus en lui qu'un ennemi : « des hommes, jadis ardents promoteurs des prérogatives de l'autorité royale, se font conventionnels, afin de désarmer le pouvoir issu du suffrage universel. » (*Aux Exposants*, 25 novembre 1851.) « Plus je me renfermais dans le cercle étroit de mes attributions, plus on s'efforçait de le rétrécir encore, afin de m'ôter le mouvement et l'action. » (*Ouverture de la session*, 29 mars 1852.)

Ce pouvoir désarmé en était réduit à assister immobile aux débats des partis luttant dans l'Assemblée : « Si je n'ai pu réaliser les améliorations que j'avais en vue,.... si des résultats plus décisifs n'ont pas été obtenus, il faut s'en prendre aux manifestations des factions. » (*A Lyon*, 16 août 1850, et *à Dijon*, 1er juin 1851.)

Cependant, ces discussions stériles font reprendre courage et espérance aux anarchistes : « Une vaste conspiration s'organise en France et en Europe; les ennemis de la société se donnent rendez-vous en 1852, non pour bâtir, mais pour renverser. » (*Message* du 4 novembre 1851.) Le Gouvernement est dans la situation d'une ville assiégée, il prévoit un assaut définitif; pour se défendre, il précipite les sorties. Ici, il *dissout les conseils municipaux*, là, *les gardes nationales;* aujourd'hui, il *destitue les instituteurs primaires*, plus tard, il *proclame l'état de siége sur une grande partie de la France*. (*Message* du 4 novembre 1851.) Mais l'heure fatale approche : « Un état de malaise tend chaque jour à s'accroître. » (*Id.*) On propose des palliatifs; quelques-uns demandent la révision de la Constitution; mais ce palliatif même est repoussé par l'Assemblée : « La France souffre d'un désaccord qu'elle déplore » (*Message* du 24 janvier 1851); « elle veut avant tout le repos ! » (*Id.*)

Cette situation, ces faits, présentés sans exagération, en termes modérés, nul ne les contestait alors; personne ne se présenta pour dire : Cela n'est pas vrai.

Qui donc donnera le repos à cette nation qui serait si grande « si on voulait la laisser respirer à l'aise et vivre de sa vie ? » (25 novembre 1851.) Celui que la nation même a élu; le Président visite les provinces : « Mon but, dans ces voyages, est de me mettre en communication directe avec les véritables interprètes des populations, de me pénétrer de leurs vœux comme de leurs intérêts. » (*A Cherbourg*, 3 septembre 1851.) Aux peuples qui se pressent autour de lui, il s'offre pour conjurer les dangers et en triompher : « Si des partis coupables menaçaient de compromettre le repos de la France, je saurais les réduire à l'impuissance. » (*A Lyon*, 15 août 1850). Les applaudissements lui témoignent que l'on accepte son offre, il ajoute : « Si le peuple voulait imposer un nouveau fardeau au chef du gouvernement, ce chef serait bien coupable de déserter cette haute mission. » (*A Caen*, 4 septembre 1850.) Et, en même temps, il déclare quels moyens il emploiera : « J'invoquerai encore la souveraineté nationale. » (*A Lyon*, 15 août 1850.) « Le salut du pays viendra de la volonté du peuple librement exprimée, religieusement acceptée. » (*A Poitiers*, 1ᵉʳ juillet 1851.)

Et, lorsqu'il est assuré de cet assentiment général, voyez comme son langage est ferme et décisif; il ne suppose plus, il affirme : « Ne redoutez pas l'avenir! la tranquillité sera maintenue, quoi qu'il arrive (25 novembre 1851)..... La France ne périra pas entre mes mains. » (*A Dijon*, 1ᵉʳ juin 1851.) Quand il entend de telles paroles, un peuple se rassure et se relève, il sent la vie lui revenir au cœur : de plus, il est favorablement disposé pour celui qui les prononce, parce qu'il reconnaît en lui la force, et que, selon le mot du philosophe de l'antiquité, « dans la force, il y a quelque chose de beau. »

Ainsi, on le voit, pendant près de trois années, attentif aux manifestations de l'opinion publique, à ses hésitations et à ses craintes, commençant, avec la France, à douter de l'avenir, s'enquérant des causes, découvrant peu à peu les besoins, les aspirations vers l'ordre et la stabilité, modifiant, selon les événements, ses idées et ses vues. Quel ne devait pas être le tressaillement d'une âme en qui se répercutaient si vivement les impressions de toute une nation, et qui se sentait poussée par la sympathie populaire au pouvoir souverain qu'elle avait jadis rêvé, comme un homme qui se sent porté par le flot de la mer montante au rivage où tendent ses efforts !

« Il est heureux pour un peuple d'être gouverné par des princes qui ont longtemps vécu dans la vie privée, » disait un empereur romain. Napoléon III avait subi l'épreuve de l'adversité, cette grande maîtresse de la vie humaine ; il arriva au trône avec des principes arrêtés, des pensées longuement méditées, qualités que possèdent rarement les princes qui ceignent la couronne; propre au rôle qu'il allait remplir autant par le contraste de son caractère avec celui de ses contemporains que par la conformité de son intelligence avec les idées de son pays et de son siècle, calme au milieu de partis passionnés, esprit d'ordre et de suite en un temps agité et changeant, ayant le sentiment profond de l'autorité quand on était impatient de tout frein, sans préjugés et avec un idéal.

Dans les institutions, il garde « la forme, l'instinct, l'esprit français. » (*Des Idées napoléoniennes.*) « Le temps des affaires est venu » (28 juin 1852), dit-il à ce peuple actif, à qui il faut « les choses, non les paroles » (*l'Idée napoléonienne*), et il « exécute en un an ce que l'on a discuté dix ans. » La guerre est-elle nécessaire? il la fait « avec le calme de la justice et l'énergie du devoir. » (*Ouverture de la session*, 3 mars 1856.) Les succès ne l'enivrent pas, partout il en attribue la grande part à Dieu; pendant les trente-trois jours de son ovation continue à travers les populations du Midi, qui le saluaient d'avance empereur (septembre-octobre 1852), qui n'a pas été frappé de sa modération sereine? Il semblait qu'elles eussent été écrites pour lui ces belles paroles de Tacite sur Vespasien rentrant dans Rome après la conquête de la Judée ; *In illo nihil tumidum, nihil arrogans, et in rebus novis nihil novum, ut imperare posset magis quam vellet.* De la plus éclatante prospérité, il tire l'enseignement de « ne jamais abuser des faveurs de la fortune » (18 mars 1856) : « Les acclamations unanimes qui entourent son berceau, dit-il à la naissance de son fils, ne m'empêchent pas de réfléchir sur la destinée de ceux qui sont nés et dans le même lieu et dans des circonstances analogues. » (18 mars 1856.) On est étonné de le trouver le plus sage des hommes en même temps qu'il en est le plus puissant.

Et quant on voit, après les triomphes de la guerre, la paix se réglant « dans le sens le plus conforme aux intérêts de l'humanité et de la civilisation, » (3 mars 1856), l'Europe confiante marchant de concert avec la France; la nation, affermie et honorée, s'identifiant avec un prince qui conçoit, veut et fait de grandes choses, on ne peut s'empêcher de le reconnaître, Napoléon III, couronné par le suffrage universel, réalise le type du souverain moderne, « représentant des intérêts de tous, premier citoyen de son pays » (18 mars 1856) et chef glorieux de la société nouvelle.

9 782013 472203